MACPHERSON

MAGAZINE *chefs*

RECETA LENTEJAS ESTOFADAS CON VERDURAS Y ESPECIAS MORUNAS

Joaquín Palazuelos

UN LIBRO MACPHERSON MAGAZINE

https://macphersonmagazineeditorial.com

Título original: Macpherson Magazine Chef's - Receta Lentejas estofadas con verduras y especias morunas
Receta de: Joaquín Palazuelos

MACPHERSON MAGAZINE

DISEÑO Macpherson Magazine   DIRECTOR ARTÍSTICO Macpherson Magazine
JEFE EDITORIAL Macpherson Magazine DIRECTOR EDITORIAL Javier Rodríguez Macpherson

CONTROL DE PRODUCCIÓN
Macpherson Magazine

MACPHERSON MAGAZINE

EDITOR ARTÍSTICO Macpherson Magazine
EDITOR EJECUTIVO Macpherson Magazine

Publicado originalmente en España en 2019 y revisado en 2019.
Esta edición: publicada en 2019 por
Macpherson Magazine, Barcelona

Publicación de Editorial Macpherson Magazine, Inc.

www.macphersonmagazineeditorial.com

Lentejas estofadas con verduras y especias morunas, plato de cuchara de toma pan y moja

Estas lentejas estofadas con verduras son un plato de cuchara ligero y reconfortante, perfecto para estos días de frío del invierno.

Preparación: 60 – 75 min   **Dificultad:** Fácil   **Personas:** 2

Hoy os traemos una receta de lo que toca en estas fechas, un plato de cuchara, fácil de preparar y muy económico y, en la medida de lo posible, digestivo y saludable. No se me ocurre para tal menester mejor receta que estas riquísimas lentejas estofadas con mucha verdura y con un toque especiado brutal gracias a la incorporación del *ras el hanout*.

Ingredientes

- Lenteja pardina, 170 g
- Dientes de ajo, 4
- Cebolla, 1
- Puerro, 1
- Zanahorias, 2
- Calabaza, 200 g
- Judías verdes, 200 g
- Pimientos tricolor, 200 g
- Tomate frito, 100 g
- Pimentón dulce, 10 g
- Pimentón picante, 5 g
- Ras el hanout, 25 g
- Hueso de jamón (opcional)
- Caldo de ave (o agua + pastilla de caldo)
- Aceite de oliva virgen extra
- Sal

01: Ponemos las lentejas a remojo

La lenteja es la única legumbre que no necesita de por sí de remojo previo. Sin embargo y aunque el tiempo de remojo óptimo depende en buena medida de la dureza del agua que llegue a nuestras casas, yo os recomiendo que las pongáis a remojo durante 4-6 horas, más tiempo no porque perderán propiedades.

Una vez acabado el tiempo de remojo, las lavamos y las escurrimos.

02: Cortamos y rehogamos parte de la verdura

Llega la hora de preparar el sofrito de verdura que servirá de base de nuestras lentejas estofadas con verduras y *ras el hanout*. Colocamos una cazuela al fuego y añadimos 3-4 cucharadas soperas de un buen aceite de oliva virgen extra.

Picamos en *brunoise* la cebolla, el puerro, la zanahoria y los dientes de ajo. Añadimos el ajo a la cazuela y, una vez empiece a rehogarse y antes de que coja color, añadimos el resto de verdura picada. Sofreímos la verdura poco a poco para que sude y se cocine sin prisas.

Pelamos la calabaza y la cortamos en cubos grandes, de 4-5 cm de lado. Aunque os parezcan trozos inmensos es importante que la cortéis así de grande, ya que la calabaza tiene mucha agua y no tarda mucho tiempo en cocerse. Si cortáramos la calabaza más pequeña con los 50 minutos aproximadamente que tardarán las lentejas en hacerse esta quedaría totalmente deshecha y diluida en el estofado.

03: Añadimos el tomate frito, las lentejas y las especias

Disolvemos tanto el *ras el hanout* como el pimentón en cuencos istintos con una gotas de agua, de modo que formemos una especie de pasta con cada una de las especias.

Una vez añadida la calabaza a la cazuela rehogamos unos instantes y añadimos tanto el *ras el hanout* como el pimentón. Rehogamos las especias un minuto con la verdura y añadimos el tomate frito. Mezclamos bien y añadimos las lentejas remojadas y escurridas, la hoja de laurel y el hueso de jamón (ingrediente que podemos obviar perfectamente, haciendo de la receta un plato totalmente apto para dietas vegetarianas).

04: Cubrimos la olla con caldo y cocinamos las lentejas estofadas con verduras y ras el hanout

A continuación cubrimos las lentejas con caldo de carne y probamos y rectificamos de sal. Cocemos las lentejas a fuego medio hasta que estén bien hechas, en unos 50-60 minutos estarán cocidas.

Por supuesto, si observamos que las lentejas estofadas con verduras se secan demasiado iremos añadiendo más caldo según avance la cocción. Cada persona es un mundo y hay gente a la que le gustan las lentejas más espesas y a otra a la que le gustan con más caldo, por lo que deberéis adaptar el espesor de las mismas a vuestro gusto.

05: Preparamos por otro lado la juliana de pimientos y la de judías verdes y la incorporamos a las lentejas estofadas

Cuando las lentejas ya estén casi a punto, vamos a saltear el resto de verduras para añadirlas justo al final y que aporten una textura más al dente a nuestro plato de cuchara.

Cortamos los pimientos en juliana fina y los salteamos a fuego medio. Seguimos cocinando la juliana de pimientos hasta que esté cocinada pero prevalezca cierta textura.

Por otro lado pelamos las judías verdes y las quitamos las puntas. Cortamos cada judía verde a la mitad y luego cada trozo trasversalmente en tiras muy finas.

Añadimos las judías verdes a los pimientos verdes ya salteados prácticamente por completo y cocinamos el conjunto unos 6-8 minutos.

Por último añadimos la verdura en juliana a las lentejas estofadas con verduras y *ras el hanout* y estofamos todo junto unos poco minutos más antes de servir hasta que las lentejas cojan cuerpo y estén en el punto perfecto. Comprobamos por última vez la sazón de nuestras lentejas estofadas con verduras.

Servimos nuestras lentejas estofadas con verduras y *ras el hanout*, un plato de cuchara reconfortante y delicioso ideal para estos meses de invierno.

Resultado

Aunque nos parezca increíble a algunos se puede decir que las lentejas viven a la sombra de otras legumbres, como las alubias o los garbanzos, y gozan de mucho menos popularidad. Ya va siendo hora de sacar a este excelente producto de ese ostracismo y colocarlo en el lugar que se merece.

Quizás el motivo para que las lentejas pasen más desapercibidas que el resto de legumbres sea que no casan tan bien con determinados ingredientes, como por ejemplo el pescado o el marisco, como sí que combinan tanto los garbanzos como las alubias (aunque sea en alguna de sus variedades). Sin embargo yo soy de los que piensa que en verdad son muy agradecidas y sí que nos dan un enorme juego a la hora de cambiarles de aire: qué mejor manera de demostrarlo que con esta receta de lentejas estofadas con una gran cantidad de verdura preparadas de diferentes maneras, para aportar texturas y sabores diferentes al guiso, y con un toque especiado absolutamente suculento.

Vale la pena detenerse por último en este último aspecto. Tanto el comino, como la cúrcuma, el curry u otra mezcla de especias como es el caso del *ras el hanout* dan a las lentejas estofadas un aire exótico que permite dar a un plato que pudiera resultar un tanto anodino en la pimera toma de contacto un toque de distinción que lo aúpe a la selección de nuestros mejores platos de cuchara.

La Editorial Macpherson Magazine trae un nuevo libro, pero esta vez un libro de recetas o guía. Para poder hacer Lentejas estofadas con verduras y especias morunas, se mostrara paso a paso y con fotografías. Macpherson Magazine a partir de ahora, lanzará un libro de recetas de cada comida.

Lightning Source UK Ltd.
Milton Keynes UK
UKRC020045101019
351188UK00013B/126